4017742

*Überhaupt aber beruhen
neun Zehntel unseres Glückes
allein auf der Gesundheit.
Mit ihr wird alles eine Quelle
des Genusses, hingegen ist
ohne sie kein äußeres Gut,
welcher Art es auch sei,
genießbar.*

Arthur Schopenhauer

APFELESSIG-BÜCHLEIN

von
Ira Hader

BuchVerlag
für die Frau

ISBN 3-932720-59-8

© BuchVerlag für die Frau GmbH,
Leipzig 1998
Fotos: fotocom Jörg Klaus &
Matthias Krüger, Berlin
Einband: Lore Jacobi
Satz und Reproduktion:
publishing SERVICE, Leipzig
Gesamtherstellung:
Salzland Druck und Verlag
GmbH & Co. KG

Printed in Germany

Inhalt

Alte Volksmedizin:
Apfelessig

Seit einiger Zeit ist er in aller Munde – der Apfelessig. Von manchem mitleidig belächelt, von anderen vehement verteidigt. Seine Verwendungsmöglichkeiten sind vielseitig – nicht nur als Würzmittel, zum Einmachen oder als Haushaltsreiniger, auch als Medizin.

Was ist dran am Apfelessig? Ist er das Elixier des Lebens, das Heilkundler in ihm sehen? Kann er Krankheiten heilen, das Leben verlängern – oder ist das nur Wunschdenken?

Fakt ist: Apfelessig ist eine alte Volksmedizin, die es schon vor tausenden von Jahren, lange vor wissenschaftlich fundierter und begründeter Medizin gab. Schon damals nutzte man die heilende und antibakterielle Wirkung und fand sehr schnell heraus, daß er noch viele weitere nützliche Eigenschaften hat.

Die Erkenntnisse der Volksmedizin wurden in der Vergangenheit oft belächelt, vielfach dann auch vergessen. Erst heute werden sie nach und nach durch die Wissenschaft bestätigt und finden wieder zahl-

reiche Anwendung. Die wichtigste vorbeugende Medizin ist vielfach immer noch, was wir essen und trinken und wie wir leben.

Der amerikanische Arzt Dr. De Forest Clinton Jarvis (1881 – 1945) gilt als Wiederentdecker des Apfelessigs. Er riet seinen Patienten, morgens ein Honig-Apfelessig-Gemisch mit Wasser zu trinken, um dem Körper damit zu helfen, Giftstoffe abzubauen und ihm andere wichtige Stoffe zuzuführen.

Der Arzt war überzeugt davon, daß Apfelessigsäure Leben verlängern kann.

Mit der Rückbesinnung auf ganzheitliche Medizin und traditionelle naturheilkundliche Erfahrungen hat sich dieses alte Hausmittel auch bei uns wegen seiner nahezu unbegrenzten Einsatzmöglichkeiten wieder in Erinnerung gebracht. Deshalb wollen wir mit diesem Büchlein zeigen, was es mit dem Apfelessig wirklich auf sich hat, was man mit ihm machen kann und worin sich sein guter Ruf begründet.

Der Apfel – das A und O

Der wichtigste Bestandteil des Apfelessigs ist, wie der Name schon sagt, der Apfel. Nicht umsonst ist er das Lieblingsobst der Deutschen. Kaum eine andere Frucht ist so gesund. Seine Inhaltsstoffe, die Vitamine A, B, C, E, Beta-Carotin und Niacin, verschiedene Mineralstoffe und Spurenelemente wie Kalium, Calcium, Phosphor, Fluorid und Eisen, sind wichtig für den Stoffwechsel. Apfel- und Zitronensäure schützen unsere Körperzellen und verhindern möglicherweise sogar Krebs.

Ballaststoffe wie z.B. Pektin sorgen für eine gesunde Darmflora, halten den Cholesterinspiegel auf einem günstigen Niveau und wirken vorbeugend gegen Verkalkung.

Viele Krankheiten, wie z.B. rheumatische Erkrankungen, können durch den Genuß von Äpfeln günstig beeinflußt werden.

Die Deutschen essen im Durchschnitt etwa 35 Kilogramm Äpfel pro Jahr und trinken etwa 12 Liter Apfelsaft. Und ausschließlich Äpfel sind auch die Grundlage des Apfelessigs, im Unterschied zum Obstessig, in dem auch andere Obstarten verarbeitet werden.

Im Apfelessig sind alle genannten gesunden Inhaltsstoffe des Apfels enthalten. Reiner Apfelessig entsteht durch Gärung vor allem süßer Früchte, sein Alkoholgehalt beträgt weniger als 0,2 Prozent. Viele der positiven Wirkungen von Apfelessig auf unsere Gesundheit beruhen auf einer ausgewogenen Mischung bestimmter Spurenelemente und Mineralien, die unser Körper braucht, durch fast food und Schnellgerichte aber oftmals nicht ausreichend erhält. Apfelessig kann dem abhelfen.

Nährstoffe des Apfelessigs

Calcium - wichtig für Knochen, Zähne, Nerven, Muskeln, Bindegewebe, Blutgerinnung und Stoffwechsel

Eisen - wichtig für den Sauerstofftransport und die Blutbildung

Kupfer - wichtig für Wachstum und Fortpflanzung

Chlor - wichtig für die Bildung der roten Blutkörperchen

Kalium - wichtig für Muskel- und Herztätigkeit, den Wasserhaushalt, die Nervenfunktion und die Aktivierung der Enzyme

Phosphor - wichtig für Knochen und Zähne, den Stoffwechsel, wirkt stimmungsaufhellend

Fluor - wichtig für den Aufbau von Zähnen und Knochen, für Zahnschmelzerhalt und Kariesprophylaxe

Magnesium - wichtig für Herz- und Nervenfunktion, Knochen, Muskeltätigkeit, Schutz der Atemwege

Natrium - wichtig für den Wasserhaushalt und die Reizleitung der Nerven

Schwefel - wichtig für Haut, Haare und Nägel, Bindegewebe und die Hormonbildung

Silizium - wichtig für das Bindegewebe, Sehnen, Haut und Hornhaut

Bor - wichtig für die Knochenbildung und den Erhalt der Knochen, besonders bei Frauen nach der Menopause

An *Vitaminen* finden wir im Apfelessig, wenn er schonend zubereitet wurde, alles wieder, was auch der Apfel hat. Als da sind: die Vitamine A, B_1, B_2, B_6, B_{12}, C, E, Beta-Carotin und Vitamin P.

Ohne Vitamine könnte unser Körper nicht existieren. Ihr Fehlen macht sich durch Mangelerscheinungen, wie Müdigkeit, Antriebslosigkeit, Haut- und Konzentrationsprobleme, Zahnausfall, Knochenschwund oder Blutarmut bemerkbar. Wer die richtige Mischung an Vitaminen zu sich nimmt, stärkt sein Immunsystem, schützt sich vor Krankheiten und beugt dem vorzeitigen Altern vor. Apfelessig ist dabei eine wichtige Hilfe!

Zur Geschichte des Essigs

Schon in Gefäßen aus der jüngeren Steinzeit fand die Wissenschaft Spuren von Essig, ebenso wie in altägyptischen Krügen, die bereits Tausende von Jahren vor unserer Zeitrechnung in Gebrauch waren, und auch im Alten Testament findet er Erwähnung.

Essig ist ein reines Produkt der Natur und entsteht ohne menschliche Hilfe unter bestimmten äußeren und inneren Bedingungen. Lassen Sie Wein, Bier oder Obstsaft unabgedeckt stehen, und es dauert

nicht lange, bis winzige Most-
fliegen in Scharen um das
Gefäß herumschwirren, ange-
zogen vom leichten Alkoholgehalt. Bei frischer Luft und gleichen Temperaturen wird das
Getränk langsam sauer. Durch
die in der Luft vorkommenden
Essigbakterien wandelt sich der
Alkohol nämlich zu Essigsäure,
die den typischen Geschmack
hervorruft.

Natürlich wird der heutige
Apfelessig überwiegend indu-
striell hergestellt. Wichtig ist
dabei vor allem eine gute Qualität der Rohstoffe. Besonders
die süßen Apfelsorten eignen

sich für die Produktion. Da bei der industriellen Herstellung oftmals viele Inhaltsstoffe verloren gehen, ist es empfehlenswert, Apfelessig einfach selbst herzustellen.

Es ist leichter, als Sie denken! Fehlen Ihnen dazu Zeit und Möglichkeit, achten Sie beim Kauf darauf, daß der Apfelessig nicht klar, sondern naturtrüb, dunkel und mit einer Schaumkrone oder mit Bodensatz versehen ist.

Kaufen Sie im Bio-Laden oder im Reformhaus, dann können Sie ziemlich sicher sein, ein hochwertiges und weitgehend naturbelassenes Produkt mit Äpfeln aus biologisch-dynamischem Anbau zu bekommen, das noch alle wichtigen Biostoffe enthält.

Apfelessig
selbst gemacht

Der erste Schritt ist die Herstellung eines guten Apfelmostes aus gesunden, süßen und reifen Früchten. Bitte keine Apfelabfälle verwenden, da sie Schmutz und Krankheitserreger enthalten können!

Folgendes benötigen Sie :

- eine Saftpresse
- ein großes Glas- oder
Steingutgefäß
- 1 Gramm Trockenreinzucht-
hefe oder eine dicke Scheibe
frisches Schwarzbrot
- einen Luftballon

Fertige Moste aus dem Supermarkt eignen sich für die Apfelessigherstellung nicht, da sie zu viele Konservierungsstoffe enthalten, wodurch die gewünschte Gärung nicht in Gang kommen kann.

Vom Apfel zum Most

• Zuerst müssen die Äpfel sehr gründlich gewaschen werden, mehrmals unter fließendem Wasser und mit einer weichen Bürste. Nur so können Sie verhindern, daß sich schädliche Schimmelkulturen auf Ihrem Apfelmost bilden.
(Für eine brauchbare Menge Apfelmost bzw. -essig gehen wir von einem Roheinsatz von 5 kg Äpfeln aus.)
• Nach dem Waschen die Äpfel vierteln oder zu einer Maische zerkleinern und dann durch die Saftpresse drücken.

Ein Dampfentsafter, der durch seine Temperatur eine Pasteurisierung bewirkt, aber leider auch die wärmeempfindlichen Vitamine zerstören könnte, ist bei der Mostherstellung nicht nötig, da die sich bildende Essigsäure später für die notwendige Konservierung sorgt.

• Den gewonnenen Saft und einen Teil der Rückstände der Apfelstücke zu höchstens neun Zehntel in ein großes, sauberes Gefäß füllen und die Hefe bzw. das Schwarzbrot hinzufügen. Die Gärung würde auch ohne den Hefezusatz in Gang kom-

men, aber Sie müßten länger
auf Ihren Most warten!

• Das Gefäß muß nun luftdicht
verschlossen werden. Dazu
nimmt man den Luftballon,
damit sich das bei der Gärung
entstehende Kohlendioxid aus-
breiten kann. Ob der Vorgang
in Ihrem Sinn abläuft, sehen Sie
also auch daran, daß sich der
Luftballon langsam aufbläst!

• Bei einer gleichbleibenden
Temperatur von 18 - 20° C dau-
ert es etwa einen Monat, bis der
Most fertig ist. Bei höheren
Außentemperaturen kann es

entsprechend schneller gehen!
Wenn Sie den Saft in ein Glas-
gefäß gefüllt haben, können Sie
die Reife gut sehen.
Die alkoholische Gärung ist be-
endet, wenn der Hefeschaum,
der sich an der Oberfläche ge-
bildet hatte, auf den Boden des
Gefäßes gesunken ist. Das be-
deutet, daß der Zucker voll-
ständig in Alkohol umgewan-
delt ist, die Hefe dadurch keine
Nahrung mehr erhält und deshalb abstirbt. Dann sollten Sie
den Most baldigst umfüllen, da
er sonst schnell an Geschmack
verliert.
Wer zeitgleich größere Mengen

Most bzw. Apfelessig ansetzen will, wird mit den beschriebenen einfachen Hilfsmitteln (Luftballon) nicht auskommen. Dann wird für die Gärung in jedem Fall ein Gefäß mit einem Gärrohr benötigt, das Sauerstoff und schädliche Mikroben abhält und das Kohlendioxid entweichen läßt.

Unser Apfelmost ist also ein noch nicht fertiger Apfelwein und entspricht dem "Cidre" der Franzosen oder dem "Cider" der Engländer. Und wir alle kennen ihn als "Äppelwoi", dessen Alkoholgehalt man dennoch nicht unterschätzen sollte!

Vom Most zum Essig

Der zweite Schritt ist die Essigherstellung. Normalerweise entsteht Essig fast von allein. So mancher Hobby-Winzer, der Wein keltern wollte, kann ein Lied davon singen!
Aber wir wollen ja Essig haben. Man muß den praktisch überall vorkommenden Essigbakterien also nur die Möglichkeit geben, an den Most heranzukommen.

• Füllen Sie ihn dazu in ein breites, flaches Gefäß (nur dreiviertel voll), das Sie offen an einen warmen Ort stellen. Nach

drei bis vier Tagen kann man das Gefäß mit einem Leinentuch verschließen. Auf keinen Fall luftdicht, da sonst die Essigbakterien absterben!

Bei warmen Temperaturen (am besten sind 26 - 30° C) zeigt sich nach wenigen Tagen an der Mostoberfläche eine glibbrige Masse - die *Essigmutter!* Diese Essigmutter ist ein Aromaträger und gibt dem Essig seinen ganz individuellen Geschmack. Sie besteht im wesentlichen aus Essigbakterien und kann im Fachhandel für Keltereibedarf bezogen werden, wenn Ihr Most keine eigenen Anzeichen

dafür zeigt, daß sich Essigbakterien ansiedeln, oder Sie die
ganze Angelegenheit beschleu-
nigen wollen.

Bei Kennern ist Essigmutter
berühmt als Gesundheitselixier,
mit dem man viele innerliche
und äußerliche Erkrankungen
heilen kann. Wer sich allerdings
schnell ekelt, sollte doch lieber
warten, bis der Apfelessig fertig
ist!

• Das Gefäß muß täglich vor-
sichtig geschüttelt oder ge-
schwenkt werden, damit die
Essigbakterien frischen Sauerstoff bekommen. Die Essighaut
muß immer oben schwimmen.

• Je nach den äußeren Bedingungen dauert es bis zu 4 Monate, bis der Essig fertig ist. Sie können aber schon nach 3 Wochen beginnen zu kosten. Filtern Sie den fertigen Essig durch ein ausgekochtes Leinentuch und füllen Sie ihn in dunkle Glasflaschen um. Lichteinfluß vermindert die Qualität der Inhaltsstoffe. Verschlossen wird das Ganze mit Naturkorken. Apfelessig wird bei mittleren Temperaturen gelagert, angebrochene Flaschen immer wieder gut verschließen. Die Haltbarkeit liegt bei 6 bis 9 Monaten.

Es kann passieren, daß sich am Flaschenboden erneut Essigmutter bildet. Das schadet dem Geschmack nicht, der Essig kann weiter verbraucht werden. Eine Trübung ist normal, bei Schimmelbildung allerdings sollten Sie den Essig nicht mehr verbrauchen.

Mit selbstgemachtem Apfelessig als Geschenk oder einfach nur als nettes Mitbringsel können Sie übrigens bei guten Freunden groß rauskommen!

Wundermittel Essig

Schon vor tausenden von Jahren galt Essig als Symbol des Lebens. Man schätzte ihn als ein Geschenk der Natur und nutzte ihn zum Würzen, Konservieren, zur Haut- und Schönheitspflege, als Medizin und desinfizierendes Reinigungsmittel. Mit Essig wurden Wunden gesäubert, Wundumschläge getränkt, äußere Entzündungen behandelt und innere Erkrankungen, vor allem des Magen-Darm-Trakts, kuriert. Essig war das erste Antibiotikum der Geschichte.

Apfelessig als Heilmittel

Täglich genossen beugt Apfelessig Krankheiten vor und lindert bereits bestehende.
Seine Wirkung beruht vor allem darauf, daß

- der Körper mit lebenswichtigen Vitaminen, Spurenelementen und Mineralien versorgt wird
- das Blut besser fließen kann
- der Stoffwechsel angeregt wird
- der Körper entwässert wird
- krankmachende Bakterien, vor allem im Verdauungstrakt, abgetötet werden

- das Gewebe gestrafft und geschmeidig gehalten, die Zellregeneration angeregt wird
- die Leistung der Nieren verbessert wird
- Fett abgebaut wird
- Giftstoffe aus dem Körper geschwemmt werden.

Aber man kann damit auch den Alterungsprozeß verlangsamen. Jeder weiß, daß man mit Essig Kalkablagerungen löst. Warum soll das nicht auch im menschlichen Körper möglich sein? Also mit Apfelessig die gefürchtete Verkalkung der Adern aufhalten?

Erfahrungen von Menschen, die regelmäßig Apfelessig zu sich nehmen, haben gezeigt, daß sich ihre Durchblutung verbessert hat. Zumindest fühlen sie sich nach einiger Zeit gesünder, vitaler, ihr Gedächtnis arbeitet wieder besser, die ständig kalten Hände und Füße sind Vergangenheit. Es scheint eine adernreinigende, durchblutungsfördernde Wirkung des Apfelessigs zu geben.

Das Pektin, das ja das Blut besser fließen läßt und das schädliche Cholesterin abbaut, im Verein mit der Wirkung der Säure im Körper vermag wohl

auch den Abbau der Kalkablagerungen zu bewirken.

Neueste Forschungen zu Herz-
Kreislauf-Erkrankungen und
zum besonders gefürchteten
Herzinfarkt sprechen auch von
einem Bakterium, das mit
schuld an den gefährlichen
Kalkablagerungen sein soll. Es
ist nicht auszuschließen, daß die
antibakterielle Wirkung des
Apfelessigs auch dieses Bakterium daran hindert, sein
zerstörerisches Werk fortzu-
setzen.

Das Grundrezept für den Tagesanfang ist also folgendes Getränk:

*1 Glas Wasser,
2 Teelöffel Apfelessig und
1 - 2 Teelöffel Honig gut
vermischen und in kleinen
Schlucken trinken oder löffeln.*

Eigentlich sollte man dieses Getränk auf nüchternen Magen zu sich nehmen. Wer aber einen empfindlichen Magen hat, kann auch bis nach dem Frühstück damit warten. Wer will, läßt den Tag auch mit einem Glas dieses "Cocktails" ausklingen.

Die beste Wirkung erzielt man mit einem naturreinen Apfelessig aus biologischem Anbau. Im Reformhaus kostet ein dreiviertel Liter etwa 5 - 6 DM. Angeboten wird auch ein Apfelessig, dem der Honig schon beigemischt ist. Apfelessig in Spitzenqualität kann bis zu 20 DM kosten.

Von Kopf bis Fuß

Natürlich sollte, wer wirklich krank ist, bald einen Arzt aufsuchen. Aber viele Beschwerden kann man auch selbst lindern. Deshalb hier einige Vorschläge gegen die häufigsten Alltagsbeschwerden.

Kopfschmerzen

Ob Migräne oder Spannungskopfschmerz - ein Glas *Apfelessigwasser* pro Tag kann vorbeugend wirken. Sie können auch den direkten Schmerz mit einer *Kompresse* bekämpfen. Tränken Sie dazu ein Tuch mit

Apfelessig und legen Sie es aus-
gewrungen auf die Stirn oder in
den Nacken. Das entkrampft
und lindert den Schmerz.
Sie können auch Apfelessig und
Wasser zu gleichen Teilen in
einem Topf zum Kochen bringen und damit ein *Dampfbad*
machen. Legen Sie ein Handtuch über Topf und Kopf und
atmen Sie ca. 5 Minuten mit ge-
schlossenen Augen die heißen
Essigdämpfe ein.

Ohrenschmerzen

Wenn es sich um eine vom Arzt
diagnostizierte   Entzündung
und keine andere schwerwie-

gende Erkrankung des Ohres handelt, bringt ein Apfelessig-Dampfbad Linderung.

Bringen Sie dazu zwei Teile Wasser mit einem Teil Apfelessig zum Kochen, lassen kurz auskühlen und halten dann seitlich den Kopf so über die Flüssigkeit, daß der Dampf ins Ohr ziehen kann.

Zähne und Zahnfleisch

Ursache vieler Erkrankungen an Zähnen und Zahnfleisch sind bakterielle Beläge, der Plaque. Er kann nur durch richtiges und regelmäßiges Zähneputzen entfernt werden. Die

Neubildung kann man durch wiederholte Spülungen mit Apfelessig verhindern. Allerdings kann die Essigsäure den Zahnschmelz angreifen. Es empfiehlt sich daher, den Mund morgens und abends mit einer Apfelessig-Spülung (1 Teelöffel auf 1 Glas warmes Wasser) zu desinfizieren, danach zusätzlich die Zähne zu putzen, um den Zahnschmelz zu schonen.

Gegen Karies, Zahnfleischentzündung und Zahnbettschwund sollte man zu den Mahlzeiten 1 Glas Essigwasser trinken, um die Speichelbildung anzuregen. Nach dem Essen - wenn es

möglich ist - sollte man die
Zähne putzen.

Erkältungen

Nutzen Sie den alten Trick mit
der frischen Hühnerbrühe und
geben Sie der Brühe Apfelessig
hinzu, ca. 2 Teelöffel pro Tasse
Brühe. Wenn Sie keine Brühe
haben, tut es auch 1 Glas heißes
Wasser mit 1 - 2 Teelöffeln
Apfelessig. Da häufige Erkäl-
tungen den Körper schwächen
und ein Zeichen für eine ver-
minderte Immunabwehr sind,
empfiehlt sich täglich das
Apfelessiggetränk nach dem
Grundrezept.

Schnupfen

Trinken Sie 1 bis 3mal täglich den Apfelessig-Honig-Trank und behandeln Sie die Symptome mit einem Apfelessig-Dampfbad.

Heiserkeit

1 Teelöffel Apfelessig mit 2 Teelöffeln Honig in $\frac{1}{2}$ Glas Wasser mischen und 7mal am Tage diese Mischung trinken.

Halsschmerzen

2 Teelöffel Apfelessig in 1 Glas lauwarmes Wasser geben, stündlich einen Mund voll davon nehmen, kräftig gurgeln

und das Wasser wieder aus-
spucken. Den 2. Schluck nach
dem Gurgeln hinunterschluk-
ken und das Ganze mehrmals
wiederholen.

Husten

Machen Sie Inhalationen mit
Apfelessig. Das löst den
Hustenkrampf, lindert und bekämpft die Entzündung und
erleichtert das Abhusten. Bei
nächtlichen Hustenattacken
trinken Sie einen Schluck
Apfelessigwasser.

Heuschnupfen

Trinken Sie täglich und auf

jeden Fall schon zwei-drei Wochen vor Beginn der Heuschnupfensaison morgens und abends ein Glas Wasser mit 2 Teelöffeln Apfelessig und 2 Teelöffeln Honig. Das befreit Sie zwar nicht vom Heuschnupfen selbst, mildert aber seine unangenehmen Begleiterscheinungen. Der Apfelessig wirkt antiallergisch, lindert den Juckreiz und läßt die Schwellungen abklingen.

Atembeschwerden, Asthma

Bei nächtlichen Beschwerden geben Sie 1 Teelöffel Apfelessig auf 1 Glas Wasser und trinken

langsam, in kleinen Schlück-
chen oder löffelweise. Nach
30 Minuten ein zweites Glas
zubereiten und auf dieselbe
Weise austrinken.
Das Getränk wirkt beruhigend
und krampflösend.
(Nächtliche Atembeschwerden
können aber auch ein Zeichen
für eine Erkrankung des Her-
zens sein. Sie sollten es deshalb
nicht versäumen, mit Ihren Beschwerden rechtzeitig einen
Arzt aufzusuchen!)

Schluckauf
Es gibt tausend alte Hausmittel,
einen Schluckauf loszuwerden.

Leider hat man oft gerade den Schluckauf, bei dem sie alle versagen.

Versuchen Sie es doch einmal mit unserem Apfelessiggetränk oder nehmen Sie einen Teelöffel voll reinen Apfelessigs ein.

Aufstoßen

Da Apfelessig die Verdauung von Eiweiß, Fett und Kohlehydraten erleichtert, empfiehlt es sich, sofern der Magen gesund ist, zum Essen ein Glas Apfelessigwasser zu trinken. Es wirkt ausgleichend auf Magen und Darm, da es die fäulnisbildenden Bakterien abtötet.

Schlechte Cholesterinwerte

Um das Blut flüssiger zu machen, einem Herzinfarkt oder Schlaganfall vorzubeugen, sollte man jeden Morgen ein Glas Apfelessiggetränk trinken.

Gelenkschmerzen

Mit der regelmäßigen Einnahme des Apfelessig-Honig-Tranks, anfangs drei-, später einmal am Tag, nimmt die Beweglichkeit wieder zu, die Schmerzen klingen ab. Wichtig ist, das Körpergewicht zu reduzieren, um die Gelenke zu entlasten. Auch dabei hilft die Apfelessig-Kur (Seite 80).

Osteoporose

Diese Knochenerkrankung ist oftmals Auswirkung eines Mangels an Calcium und Vitamin D. Bekommt der Körper davon nicht genug durch die Nahrung zugeführt, entzieht er es den Depots in den Knochen. Calcium ist in Apfelessig reichlich enthalten und wird durch den weiteren Inhaltsstoff Zitronensäure vom Körper besonders gut aufgenommen. Also den Tag mit dem Apfelessig-Trunk beginnen.

Schwangerschaft

Daß viele Frauen Heißhunger

auf Saures haben, zeigt, daß der Körper genau weiß, was er in dieser Zeit braucht. Geben Sie ihm also täglich 1 Glas des Apfelessig-Honig-Getränks.

Das wirkt übrigens auch gegen die morgendliche Übelkeit. Sie tun sich und Ihrem Baby damit viel Gutes, bekommen Mineralstoffe und Traubenzucker, Vitamine und Spurenelemente. Ein 2. Glas am Tag zu einer der Mahlzeiten ist in Ordnung.

Und was halten Sie von einer regelmäßigen Massage mit Apfelessig?!

Das strafft die Haut und das darunterliegende Gewebe und

beugt häßlichen Schwanger-
schaftsstreifen vor!

Blutergüsse

Nicht immer hat man eine
Hämatom-Salbe im Haus, wenn
man sich eine Prellung, Muskel-
zerrung oder einen Bluterguß
geholt hat. Ein Umschlag mit
Apfelessig hilft. Verrühren Sie
$1/2$ Teelöffel Salz in $1/8$ Liter
Apfelessig und erhitzen die
Flüssigkeit. Tränken Sie ein
Tuch damit und legen es auf die
betroffene Stelle. Mehrmals
den Umschlag erneuern.
Man kann auch ein Leinentuch
in Eiswasser tauchen, dem ein

guter Schuß Apfelessig zugefügt wurde, auswringen und auf
den Bluterguß legen. Darüber
ein trockenes Handtuch. Wenn
das Handtuch warm ist, den
Umschlag erneuern.

Sonnenbrand

Apfelessig wirkt desinfizierend
und kühlend, gibt also auch bei
einem Sonnenbrand Linde-
rung. Tragen Sie dazu mehrmals
täglich auf die betroffenen Stellen Apfelessig auf. Oder Sie
stellen eine Mischung aus Wasser und Apfelessig her und
besprühen die Haut damit.
Auch bei Brandwunden emp-

fehlen Volksmedizin und anerkannte Heilpraktiker die Anwendung von Apfelessig. Bei kleinflächigen Verbrennungen 1. oder 2. Grades so schnell wie möglich Essig oder in Essig getränkte Tücher auf die Wunde geben. Das kühlt, desinfiziert, lindert den Schmerz und fördert die Wundheilung. Verbrennungen 3. Grades oder großflächige Wunden gehören sofort in ärztliche Hände. Narbenbildung wird bei Einsatz von Essigwasser besser verhindert als bei einer reinen Wasserkühlung.

Menstruationsbeschwerden

Wer regelmäßig den Apfelessig-Honig-Trank zu sich nimmt,
führt seinem Körper genügend
Mineralien zu, bekämpft also
eventuelle Beschwerden von
vornherein. Da das Getränk
aber die Menstruation um
einige Tage verzögert, sollte
man 2 - 3 Tage vor dem erwar-
teten Termin eine Pause
machen und erst wieder mit
dem Apfelessig-Getränk fort-
fahren, wenn die Regelblutung
eingesetzt hat.

Muskelkrämpfe

Muskelkrämpfe können ein

Zeichen für Mineralstoffmangel sein. Also täglich am Morgen Apfelessig vermischt mit Honig und Wasser (siehe unser Grundrezept) trinken. Bei akuten Krämpfen massieren Sie die Stellen mit reinem Apfelessig ein.

Insektenstiche
Nach einem Insektenstich sofort reinen Apfelessig auf die Stelle geben, damit sie nicht anschwillt und sofort desinfiziert wird. Das soll übrigens auch nach einer Berührung mit einer Qualle helfen!

Blasenstörungen und
-entzündungen

Viele Blasenstörungen haben bakterielle Ursachen. Nutzen Sie die antibakterielle Wirkung des Apfelessigs, der den Harn ansäuert und die Krankheitserreger damit vor Ort abtötet.Trinken Sie 3 - 5 mal täglich das Apfelessiggetränk, übrigens auch vorbeugend anzuwenden, wenn Sie öfter Blasenprobleme haben. Wichtig sind in jedem Fall mindestens 3 Liter Flüssigkeit pro Tag, um die Blase gut durchzuspülen. Das können auch Kräutertees oder Mineralwasser sein.

Nierensteine

In Absprache mit dem Arzt kann unterstützend das Apfelessiggetränk genommen werden – und viel Flüssigkeit dazu.

Durchfalll

Bei einem Durchfall ohne organische Ursache muß der Darm wieder auf Vordermann gebracht werden. Dazu 6 mal täglich ein Glas Wasser mit 1 Teelöffel Apfelessig trinken, der den Mineralstoffhaushalt wieder ausgleicht und Fäulnisbakterien abtötet. Bei länger dauerndem Durchfall unbedingt den Arzt aufsuchen.

Hämorrhoiden

Trinken Sie täglich morgens ein Glas Apfelessigwasser. Benetzen Sie juckende Hämorrhoiden abends mit reinem Apfelessig. Das läßt sie abschwellen und desinfiziert.

Krampfadern

Nach dem Aufstehen, vor dem Schlafengehen und nach jedem Duschen oder Baden reiben Sie die Unterschenkel mit Apfelessig ein und lassen sie trocknen. Für Umschläge tauchen Sie zwei Leinentücher in reinen Apfelessig, wringen sie aus und umwickeln die Unterschenkel

damit. Wickeln Sie über die Umschläge trockene Frottiertücher und legen Sie 30 Minuten die Beine hoch. Trinken Sie zusätzlich das Apfelessig-Honig-Getränk. Das stärkt das Bindegewebe von innen.

Hühneraugen

Weichen Sie die Füße mit einem seifigen Fußbad auf, legen einen mit Apfelessig getränkten Wattepad auf das Hühnerauge und fixieren ihn mit einem Pflaster. Wer die Möglichkeit hat, kann mehrmals täglich eine Tinktur aus 1 Eßlöffel Salz und 3 Eßlöffeln

Apfelessig auf die betroffenen Stellen auftragen. Diese Behandlung hilft auch gegen Warzen!

Fußpilz

Fußpilz gehört auf jeden Fall in ärztliche Behandlung. Dennoch kann man einiges unterstützend tun. Die befallenen Stellen mehrmals täglich mit reinem Apfelessig betupfen. Schuhe und Strümpfe damit desinfizieren, Strümpfe z.B. vor dem Waschen eine halbe Stunde in Essigwasser legen (1 Teil Essig, 4 Teile Wasser), um Keime abzutöten. Baden Sie außerdem die Füße zweimal täglich für 10 Minuten in 1 Liter warmem Wasser mit 1 Tasse Apfelessig und $\frac{1}{2}$ Tasse Salz.

Kuren mit Apfelessig

Wer heute eine Diät-Kur macht, will vor allem Fett abbauen, um abzunehmen. Es geht also darum, wirklich die Fettdepots zu leeren und mit einer grundsätzlichen Ernährungsumstellung dafür Sorge zu tragen, daß sie leer bleiben. Dabei kann Apfelessig der Schlüssel zum Erfolg sein. Seine Inhaltsstoffe bewirken nämlich, daß Fett aus den Fettzellen herausgeschleust wird. Da Apfelessig insgesamt die Verdauung ankurbelt, werden auch Teile des mit der Nahrung aufgenommenen Fetts unverdaut wieder ausgeschieden und können so auch nicht dick machen!

Bei einer Kur mit Apfelessig trinken Sie etwa 3 Monate lang jeden Morgen das Apfelessig-Honig-Getränk, das ja schon in den vorhergehenden Kapiteln eine Rolle spielte: Am besten trinkt man es in kleinen Schlucken gleich nach dem Aufstehen. Wer einen empfindlichen Magen hat, kann bis nach dem

Frühstück damit warten. Mit diesem morgendlichen Trunk kurbeln Sie den Kreislauf an, verringern chronische Müdigkeit, Schwindelgefühle und Ohrgeräusche sowie Durchblutungsstörungen und den Cholesterinwert im Blut, aber auch rheumatische Beschwerden, Kopf- und Gliederschmerzen, Hautunreinheiten und entschlacken den Körper.

Wenn Sie sicher sein wollen, ein hochwertiges Naturprodukt zu trinken – und das ist ganz wichtig für den Erfolg –, kaufen Sie nur in Bio- oder Naturkostläden oder machen Sie den Apfelessig

am besten selbst. Wie's geht, haben wir Ihnen ja erklärt.Und wenn Sie merken, daß die Kur Ihnen gut tut, verlängern Sie sie doch einfach.

Apfelessig für Kinder

Von Natur aus lieben Kinder Saures. Instinktiv nehmen sie damit Vitamine und Mineralstoffe auf, die der Körper braucht. Geben Sie also auch Ihrem Kind von dem Apfelessig-Honig-Trunk. Auch eine äußerliche Anwendung für die empfindliche Kinderhaut ist denkbar. Dieses Naturheilmittel vertragen Kinder oftmals besser als Salben und Mixturen aus der Apotheke. Und da man das Essigwasser einmassiert, tut das auch der kleinen Kinderseele gut!

Apfelessig und Schönheit

Auch für die Hautpflege dürfen wir auf den Apfelessig zurückgreifen, der als natürliches Schönheitsmittel schon in der Antike genutzt wurde. Kleopatra badete eben nicht nur in Eselsmilch, sondern gönnte sich ab und zu ein Essigbad. Natürlich gilt auch bei der

Schönheit, daß sie vor allem von innen kommt. Aber dazu trinken wir ja unser Apfelessig-Getränk. Bleibt uns also noch, auch etwas von außen zu tun. Gesunde Haut hat einen Schutzfilm, den Säuremantel. Er hält Krankheitserreger fern und die Haut geschmeidig.

Wer seine Haut zu oft mit Seife reinigt, zerstört diesen Schutzfilm, die Haut trocknet aus, wird anfällig für Krankheiten. Gönnen doch auch Sie sich – wie Kleopatra – öfter mal ein Apfelessig-Bad.

Dazu gießen Sie einfach 1 bis 2 Tassen Apfelessig in Ihr Bade-

wasser. Das erfrischt und rege-
neriert, eine Unterwassermas-
sage entspannt zusätzlich. Sie
können auch Kräuter dazuge-
ben, die vorher gekocht wurden und 15 Minuten ziehen
konnten.

Die Achselhöhlen können bei
Körpergeruch mit einem Tuch
abgerieben werden, das vorher
in reinem Apfelessig getränkt
wurde.

Haarpflege mit Apfelessig

Für glänzendes Haar
Spülen Sie das Haar nach dem
letzten Spülgang zusätzlich mit

einer Mischung aus $^1/_2$ Tasse Apfelessig und 4 Tassen Wasser. Diese Spülung nicht wieder auswaschen! Das Haar wird glänzend, fettet nicht so schnell nach und bleibt länger duftend frisch.

Gegen Schuppen

Massieren Sie vor jeder Haarwäsche die Kopfhaut mit reinem, erwärmtem Apfelessig, wickeln die Haare dann in ein Handtuch und lassen die Kur eine Stunde wirken. Nun erst mit einem milden Shampoo waschen.

Kopfjucken

Geben Sie 2 Teelöffel Apfelessig auf 1 Glas Wasser und tauchen die Finger oder einen
Kamm hinein und gehen damit
solange durch die Haare, bis sie
mit dem Apfelessigwasser getränkt sind.

Gesichtspflege mit
Apfelessig

Peeling

Nicht jeder Hauttyp verträgt
ein regelmäßiges Gesichtspee-
ling. Um aber pflegende Salben
und Cremes gut aufnehmen zu
können, muß die Haut von

alten Hautschüppchen gerei-
nigt, die Poren müssen auf-
nahmefähig sein. Reinigen Sie
also Ihre empfindliche Haut mit
einer Apfelessig-Kompresse.
Tauchen Sie dazu ein Leinentuch in warmes Wasser, ca.
1 Liter, dem 1 - 2 Eßlöffel
Apfelessig hinzugefügt wurden.
Drücken Sie das Tuch aus und
legen es für 5 Minuten auf
Gesicht und Hals. Danach
warm abwaschen und guttrok-
kenfrottieren. Wie gewohnt
weiterpflegen.
Auch für Masken eignet sich
Apfelessig. Hier ein paar Vorschläge.

Maske gegen trockene, müde Haut

Mischen Sie 1 Eigelb mit 1 Teelöffel Apfelessig, 2 Eßlöffeln Distelöl, 1 Teelöffel Zitronensaft und 1 Eßlöffel püriertem Avocadofruchtfleisch. Tragen Sie die fettige Masse nach dem Peeling auf, lassen sie 30 Minuten einwirken und waschen sie mit warmem Wasser ab. Die Haut ist glatt und geschmeidig. Sie können die Maske auch über Nacht einwirken lassen und erst am nächsten Morgen abwaschen. Aber Vorsicht - legen Sie ein großes Handtuch übers Kopfkissen!

Maske gegen fettige und unreine Haut

1 Eigelb, 3 Eßlöffel Distelöl und 1 Teelöffel Apfelessig werden mit ¼ geschälter, pürierter Gurke gemischt. Die Maske 30 Minuten einwirken lassen, dann warm abwaschen.

Handpflege mit Apfelessig

Altersflecken

1 Teelöffel Apfelessig wird mit 1 Teelöffel Zwiebelsaft vermischt und die Flüssigkeit auf die Flecken aufgetragen. Am besten über Nacht einwirken

lassen. Nach einiger Zeit ver-
blassen die Flecken. Dieses
Rezept hilft auch bei Alters-
flecken im Gesicht.

Brüchige Fingernägel

Trinken Sie regelmäßig morgens den Apfelessig-Trunk und
baden Sie Ihre Hände ab und
zu in reinem Apfelessig.
Dadurch werden Ihrem Körper
fehlende Mineralstoffe wieder
ausreichend zugeführt.

Rauhe und rissige Hände

Mischen Sie Olivenöl und
Apfelessig 1:1 und reiben nach
jedem Händewaschen und vor

dem Schlafengehen die Hände damit ein. (Ziehen Sie nachts ein Paar dünne Baumwollhandschuhe darüber, damit die Bettwäsche nicht leidet und die Wirkung unterstützt wird!) Sie können auch jede andere hautfreundliche Creme mit dem Apfelessig mischen.

Entzündete Nagelbetten

Legen Sie eine mit reinem Apfelessig getränkte Kompresse auf die entzündete Stelle und lassen Sie sie einwirken. Die Entzündung heilt schneller ab.

Fußpflege mit Apfelessig

Fußgeruch

kann mit Apfelessig verhindert werden, indem man die Füße täglich in einer Mischung Wasser/Apfelessig 1:1 badet. Anschließend die Füße an der Luft trocknen lassen.

Brennende Füße

Füllen Sie eine kleine Wanne knöcheltief mit warmem Wasser, dem Sie 1 - 2 Tassen Apfelessig zugefügt haben. 5 Minuten Wassertreten erfrischt die Füße und verscheucht das unangenehme Brennen.

Apfelessig für unsere Haustiere

Was uns gut tut, ist auch bei unseren vierbeinigen Freunden von Nutzen. Schon lange spielt Apfelessig in der Veterinärmedizin eine wichtige Rolle. Bauern, die die Heilkräfte der Natur auch bei ihren Tieren einsetzen, können bestätigen, daß z.B. Rinder leichtere Geburten und gesündere Kälber haben, wenn man den trächtigen Kühen regelmäßig Apfelessig unters Futter mischt. Hühner werden größer, prachtvoller und widerstandsfähiger gegen

Krankheiten und setzten mehr Muskelfleisch statt Fett an, wenn man Apfelessig ins Trinkwasser gibt.

Katzen, Hasen, Meerschweinchen, Kaninchen und Hamster bekommen durch regelmäßige Gaben von Apfelessig ein glänzendes Fell. Bei Katzen reicht 1 Teelöffel voll im Futter, kleinere Tiere brauchen entsprechend weniger. Hunde, die Schwierigkeiten mit der Verdauung haben, brauchen 1 - 2 Eßlöffel pro Tag im Trinkwasser, für gesunde Tiere reicht 1 Eßlöffel.

Was Essig noch kann

Wenn unsere Vorfahren vor 10 000 Jahren ihre Jagdbeute haltbar machen wollten, mußten sie sich schon was einfallen lassen. Im Winter gab's ja kaum Probleme, aber im Sommer! Und was machten die Menschen in heißeren Gefilden? Sauer einlegen!

Essig war das beste und zuverlässigste Konservierungsmittel, mit dem schon die alten Römer, Assyrer, Griechen und Ägypter hantierten. Zwar kannte man auch schon Räuchern und Einsalzen, aber Essig hatte den

Vorteil, daß man damit gleichzeitig große Mengen haltbar machen konnte. Die Essigsäure tötet Mikroben und Fäulnisbakterien ab. Schon damals merkte man, daß Essig nicht gleich Essig ist. Speziell im Apfelessig gibt es zusätzliche Substanzen, die konservierend wirken – Tannin und Propionsäure.

Konservieren mit Apfelessig

Sauer einlegen kennt man heute vor allem für Pilze, Gurken und Kraut. Aber fast alle Gemüsesorten und auch einiges Obst können so für den Winter frisch gehalten werden.

Und so wird's gemacht:

• Das Gemüse wird blanchiert, schwer verdauliche Sorten können auch etwas länger kochen, das Kochwasser wird abgegossen und das Gemüse in die vorbereiteten Einkochgläser gefüllt.

• Zum Einlegen nimmt man am besten einen Apfelessig mit 7 Prozent Säure, der zusätzlich - je nach Rezept - gewürzt wurde.

• Den Essig kurz aufkochen und heiß über Gemüse oder Obst gießen, bis alles bedeckt ist.

• Die Gläser abdecken, über Nacht stehen lassen.

- Den Sud wieder abgießen, noch einmal aufkochen und wieder in die Gläser füllen.
- Gläser sofort gut verschließen und auf den Deckel stellen.
- Nach 10 Minuten Gläser wieder umdrehen und die Konserven an einen kühlen, dunklen Ort bringen, wo sie in Ruhe durchziehen können.

Nach 4 - 6 Wochen können Sie probieren. Geöffnete Gläser zügig verbrauchen. Ungeöffnete halten sich, kühl und dunkel gelagert, bis zu einem Jahr.

Selbstgemachte Gewürzessige auf Apfelessig-Basis

Pfeffer-Essig:

Geben Sie in $\frac{1}{2}$ Liter Apfelessig 15 Gramm Cayenne-Pfeffer. Diese Mischung zwei Wochen ziehen lassen und dabei täglich gut schütteln, dann durch ein Tuch geben - fertig.

Brunnenkresse-Essig:

4 Tassen Brunnenkresse-Blüten in 1 Liter Apfelessig geben und 6 Wochen ziehen lassen. Durch ein Tuch seihen.

Sie können auch mit anderen

Gewürzen experimentieren, wie Estragon oder Knoblauch, oder Sie lassen Paprika oder Peperoni (Vorsicht, scharf!) oder andere Früchte (mit kräftigem Eigengeschmack) 2 Wochen im Apfelessig ziehen und füllen dann durch ein Tuch um. Mit diesen Essigen geben Sie Speisen, Salaten und Saucen den letzten Pfiff!

Essig als natürlicher Haushaltsreiniger

Daß man mit Essig einen hervorragenden Allzweckreiniger hat, gegen den Bakterien keine

Chance haben, ist eine alte Erkenntnis. Das machten sich schon die Ärzte und Totengräber im Mittelalter während der großen Pestepidemien zunutze. Sie rieben sich mit Essig ein, spülten den Mund damit aus und schützten sich so vor Ansteckung. In den Spitälern wurden die Krankenzimmer mit Essig desinfiziert, indem man Wände und Boden damit abwusch.

Auch unseren modernen Putz- und Reinigungsmitteln ist oftmals Essig zugefügt. Also kann man doch auch gleich Essig nehmen. Das schont Umwelt und Portemonnaie. Essigessenz tut es preiswert, die man je nach Einsatzzweck verdünnen kann. Überall, wo es auf hygienische Sauberkeit ankommt, ist Essig genau richtig.

• Reinigen Sie Ihren Kühlschrank innen und außen mit Essigwasser.

• Gefäße, in denen Lebensmittel aufbewahrt werden, wischt man einmal pro Woche mit Essigwasser aus.

• Auch Fußböden oder Schränke werden sauber und keimfrei, wenn man dem Wischwasser einen guten Schuß Apfelessig zusetzt.

Haushaltstricks mit Apfelessig

In der Küche:

• Steaks kann man einlegen in einer Marianade, die aus Apfelessig und Öl zu gleichen Teilen gemischt wurde.

• Damit Fleisch zarter wird, legt man z.B. Wild oder Braten für ein paar Stunden oder über Nacht in einen Sud aus Apfelessig und Brühe zu gleichen Teilen ein.

• Lösen Sie den Bratensatz statt mit Wasser mit einer Tasse Apfelessig. Ihre Soße wird noch pikanter.

• Geflügel oder Fisch, Käse, Kräuter und Gemüse bleiben im Kühlschrank länger frisch, wenn man sie in ein essiggetränktes Tuch einwickelt. Der Fisch läßt sich dann übrigens auch leichter schuppen!

• Schwer verdauliche Gemüsesorten oder Hülsenfrucht-Eintopfgerichte werden durch einen Schuß Apfelessig im Kochwasser bekömmlicher. (Erinnnern Sie sich – schon unsere Großmütter gaben stets in die Linsen einen guten Schuß Essig!)

• Frischer geschälter Spargel bleibt im Kühlschrank länger

frisch, wenn man ihn in ein Essig-Tuch einwickelt.

• Nach der Verarbeitung von Fisch, Knoblauch oder Zwiebeln kann man den lästigen Geruch an den Händen neben dem Abreiben mit einer Zitronenhälfte auch mit ein paar Tropfen Essig verscheuchen.

• Eischnee wird fester, wenn man ein paar Tropfen Apfelessig während des Schlagens hinzufügt.

• Geben Sie zu Ihrem fertigen Kartoffelpüree doch mal einen Teelöffel Apfelessig. Es wird besonders locker.

• Rührkuchenteig wird mit

1 - 2 Teelöffeln Apfelessig noch lockerer.

• Fettiges Geschirr wird wieder blitzblank, fett- und geruchsfrei, wenn man ins Spülwasser noch eine Tasse Apfelessig gibt.

Im Bad:

• Hartnäckige Kalkbeläge, wie wir sie vielerorts in Küche und Bad finden, verschwinden, wenn man mit Essigwasser über die Stellen wischt.

• Verkalkte Duschköpfe werden wieder frei und blank, wenn man sie 15 Minuten in kochendes Essigwasser (1:1 gemischt) legt.

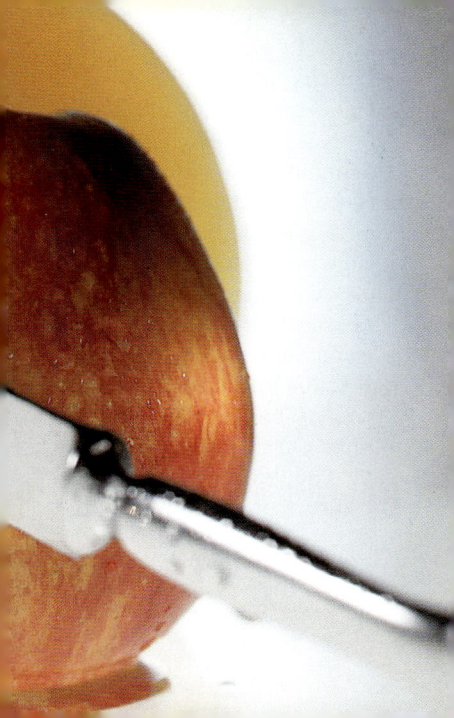

- Duschköpfe aus Plaste kann man über Nacht in kaltes Essigwasser einlegen.
- Schimmel oder Stockflecken an Duschvorhängen verhindern Sie, wenn Sie sie öfter mit Essigwasser abwischen. Stoff-Duschvorhänge in leichtem Essigwasser auswaschen.
- Wenn Sie gerade keinen Entkalker für Ihre Waschmaschine im Haus haben, tun es auch 2 Tassen Essig im Hauptwaschgang. Die Wirkung ist natürlich stärker beim Kochwaschprogramm.

Allgemein:

• Teure Brillenreiniger können Sie sparen, wenn Sie auf die Gläser je einen Tropfen Essig geben und sie dann blankreiben.

• Natürlich werden auch Fensterscheiben, Kristallvasen und -gläser sowie Aquarienscheiben sauber mit Essigwasser, dem noch etwas Salz zugefügt werden kann.

• Hart gewordene Fensterleder werden wieder wie neu, wenn man sie über Nacht in Essigwasser legt. Warm ausspülen und trocknen lassen.

• Auch Kaffeemaschinen oder

Dampfbügeleisen werden mit einer 1:1-Mischung Essig-Wasser entkalkt.

• Unangenehme Gerüche verschwinden, wenn man eine Schale mit Apfelessig im Zimmer aufstellt.

• Auch zur Fleckentfernung eignet sich Essig, allerdings sollten Sie vorher die Farbechtheit des Gewebes testen.

• Kaugummiflecke verschwinden, wenn man den Stoff kurz in Essig legt. Das klappt auch bei Kleisterflecken oder klebrigen Etiketten und Aufklebern, die sich dann leichter ablösen lassen.

- Ist der Stoff Ihrer Hose glänzend geworden, kann man ihn wieder auffrischen, indem man ihn mit Essigwasser ausbürstet.
- Empfindliche Stoffe wie Wolle, Seide oder Kunstseide werden farblich aufgefrischt, wenn man ins letzte Spülwasser ein bis zwei Eßlöffel Apfelessig gibt. Die Wäsche wird duftig frisch, Wolle verfilzt nicht so leicht.
- Teppiche, von Zeit zu Zeit mit Essigwasser ausgebürstet, bekommen wieder frische Farben und einen zusätzlichen Mottenschutz.

• Apfelessig kann auch als Blumendünger eingesetzt werden. Geben Sie einmal pro Woche zwei Eßlöffel Apfelessig ins Gießwasser, damit die Pflanzen besser wachsen und schöner blühen.

• Auch beim Heimwerken hilft Essig. Hartgewordene Farbpinsel kann man über Nacht in heißem Essig einweichen und dann mit warmer Seifenlauge auswaschen.

• Tapeten lassen sich leichter von der Wand lösen, wenn sie vorher mehrmals mit Essigwasser (1:1) durchnäßt wurden.

Ist Apfelessig also wirklich das, was man ihm nachsagt? Ich denke, seine Vorzüge sind inzwischen unbestritten. Er ist ein natürliches Produkt, relativ preiswert, gesund, vielseitig einsetzbar und kann sogar selbst hergestellt werden.

Seine medizinischen Wirkungen basieren auf jahrhundertealten Erfahrungen. Dennoch sollten kranke Menschen in keinem Fall zur Selbstmedikation übergehen, sondern sich immer erst mit ihrem Arzt beraten. Auch, wenn Sie Ihre Erkrankung mit Apfelessig selbst behandeln wollen.

Auf jeden Fall sollte Apfelessig in keinem Haushalt fehlen. Sie werden erstaunt sein, was er alles kann!

Minibüchlein - lieferbare Titel

Kochbüchlein

Apfelessig-Büchlein • Astro-Rezepte • Aufläufe – herzhaft + süß • Das besondere Backbüchlein • Bierbüchlein • Brotbüchlein • China-Kochbüchlein • Einmachbüchlein • Fischbüchlein • Geflügelbüchlein • Gelee, Konfitüre & Co. • Gemüsebüchlein • Gemüseraritäten • Gewürzbüchlein • Grillbüchlein • Italien-Kochbüchlein • Kartoffelbüchlein • Kinderlieblingsrezepte • Kloß- und Knödelbüchlein • Kochbüchlein Berlin & Mark Brandenburg • Kochbüchlein Lausitz • Kochbüchlein Mecklenburg-Vorpommern • Kochbüchlein Rheinland •

Pflanzenbüchlein

Balkonfreuden • Blütenbüchlein •
Heilpflanzenbüchlein • Pilzbüchlein
• Wildfrüchtebüchlein • Wild-
kräuterbüchlein

Der besondere Band

ABC der Zimmerer •
Erzgebirgisches Weihnachts-
büchlein • Flirt, Flirt •
Flotte Sprüche •
Frühlingsbüchlein • Herbst-
büchlein • Katzenbüchlein •
Ostereierbüchlein • Puppen-
büchlein • Schnupfenbüchlein •
Sommerbüchlein • Wetter- &
Bauernregelbüchlein •
Winterbüchlein

Buch Verlag für die Frau
Postfach 100348 · 04003 Leipzig